Mein Name ist Futzi

*A*n dieses Telefonat an einem warmen

Sommertag kann ich mich noch genau erinnern. Ein Kunde in den Vierzigern bat einige Tage vor meinem Anruf um einen Termin bei ihm zu Hause.
Durch einen Unfall seines Nachbarn kam bei ihm der Wunsch auf, seinen bestehenden Vertrag zu aktualisieren und andere Versicherungen neu zu gestallten. Ohne zu ahnen, was auf mich zukommen sollte, griff ich nach dem Hörer und wählte die Nummer zwecks Terminvereinbarung.

Am anderen Ende der Leitung meldete sich seine Frau sehr unfreundlich und keifte in der für mich unüberhörbaren Lautstärke ihrem Ehemann entgegen: „Da ist der Versicherungsfutzi am Telefon. Der will Dich volltexten und Dir wieder was aufschwatzen!"
Ich hörte mir dieses in Ruhe an und vereinbarte mit dem Kunden, nachdem er kurz mit mir persönlich das weitere Telefonat führte, einen Termin für die folgende Woche. Der Termin sollte um 19.00 Uhr bei ihm im Garten sein.

Ich freute mich schon auf den Termin, da ich etwas ausprobieren wollte. Nachdem ich auf die Türklingel drückte, bat mich die Tochter herein. Die Begrüßungsfloskel übersprang ich dezent und lümmelte mich auf der Hollywoodschaukel im kleinen hinter dem Haus liegenden Garten. Mein durchgeschwitztes Hemd brachte ich geschickt zum Vorschein und fragte umgehend den Hausherren, ob er auch ein Bier für mich hätte. Der Kunde blickte sehr verwundert und schenkte mir mit einem sonderbaren Blick in den Augen das halbe kalte Bier in ein Glas ein. Ich griff jedoch zur Flasche und teilte ihm mit, dass es mir bei dem Wetter nicht aus einem Glas schmecken würde und wir im Ruhrpott Flaschenkinder seien. Nun wurde der Kunde immer angespannter, bis es aus ihm herausplatzte und er mir die Frage stellte, obwohl mehr lautstark sprach als eine Frage zu stellen, was mein unerhörtes Auftreten bedeuten würde? So etwas sei ihm noch nie untergekommen.

Verwundert blickte ich erst zu ihm und dann in Richtung seiner Frau und entschuldigte mich mit den Worten: „Ich entschuldige mich, aber Ihre Frau hat mich doch am Telefon als Futzi angekündigt, der ihnen etwas aufschwatzen will. Ich bin daher davon ausgegangen, dass Sie einen solchen Auftritt von mir erwarten würden?" In diesem Moment war kurze Zeit eisiges Schweigen. Die Hausherrin bekam einen tomatenfarbigen Kopf und suchte nach Worten. Der Kunde schaute seine Frau an und entschuldigte sich in aller Form bei mir. Ich stellte schnell klar, dass so ein Auftreten keinesfalls meinem Naturell entspräche, ich ihm aber verdeutlichen wollte, dass ich nicht unbedingt als „Futzi" betitelt werden möchte. Er entschuldigte sich erneut. Nachdem ich einen Schluck aus dem nicht mehr ganz so kalten Bierglas getrunken hatte, stellte ich erneut klar, dass ich stets so bin, wie der Kunde es von mir erwartet. Als Berater trete ich anders auf, als in der Rolle eines klassischen Verkäufers, der ich nicht bin.

In der Rolle des Schadenregulierers trete ich anders auf, als in der Rolle eines Partners, der bei Schriftverkehr mit Gesellschaften unterstützen möchte. Da ich nicht wusste, wie ein Futzi handelt, stellte ich mir meinen Auftritt so vor.

Die Röte im Gesicht der Frau hielt noch eine Weile an und ich rechnete innerlich damit, dass dieses unser erstes und letztes Gespräch sei. Falsch gedacht!
Der Kunde war so zufrieden mit meiner anschließenden Beratung, dass er mir nun seit vielen Jahren treu geblieben ist.

Mit seiner Frau verstehe ich mich natürlich auch sehr gut.

Der beste Beruf der Welt

*W*arum halte ich in diesem Buch fest, welche Situationen ein Versicherungsfachmann im Außendienst erlebt? Die Antwort ist eigentlich ganz einfach: „Weil ich es kann!"

Das klingt nun sehr eingebildet und arrogant. Zugegeben, aber es ist an der Zeit, um den Kunden einen Einblick in unsere tägliche Arbeit zu geben. Ich versuche unser Berufsbild mal aus einer anderen Seite zu zeigen. Gerne möchte ich Ihnen näherbringen, was uns im besten Beruf der Welt ausmacht, wer wir sind und was wir alles erleben.

Die Geschichte im Einleitungsteil habe ich tatsächlich so erlebt. Als absoluter Berufsanfänger hätte ich sicherlich nicht den Mut zu einem solchen Handeln gehabt, doch zu dieser Zeit stand ich bereits seit einigen Jahren im Beruf. Es geht hier nicht um bestimmte Versicherungsgesellschaften, obwohl ich meine Gesellschaft, die – nein verrate ich jetzt nicht – hervorheben könnte. Ich möchte ein Verständnis für unser

Tun und Handeln schaffen. Der Kunde hat manchmal leider nicht das Wissen um unsere Branche.

Vor einiger Zeit und seien wir ehrlich, teils heute noch, hat unser Beruf einen ungerechtfertigten negativen Ruf. Doch woher kommt das? Wenn man die Historie von früheren Versicherungsberatern ansieht, versteht man den schlechten Ruf. An der Formulierung „Berater" kann man es am Einfachsten verdeutlichen. In der Vergangenheit wurden oftmals viele Versicherungen „verkauft". Wer eine KFZ- oder Lebensversicherung wollte oder auch nicht, bekam diese. Jeder Hinz und Kunz konnte neben seinem ausübenden Beruf Versicherungen an den Mann oder an die Frau bringen. Nachbarn, Verwandte und Freunde stellten die besten „Opfer" da. Bedarfsgerechtes Verkaufen war scheinbar lange Zeit bei vielen Gesellschaften ebenso unwichtig, wie die Schadenregulierung oder die Hilfe bei dieser. Wer einen PKW versichern lassen wollte, bekam vom nebenberuflichen Arbeitskollegen schnell eine Doppelkarte – so nannte man früher die elektronische Versicherungsbestätigung – und einen entsprechenden Vertrag. Für eine Lebensversicherung sollte der Kunde mal eben 50 oder 100 Mark zahlen, damit man mal etwas „für später" hat. Genauso war es bei den Hausratversicherungen. Meine eigene erste Hausratversicherung hat mir der Arbeitskollege meines Vaters verkauft. Ich wusste zwar nicht genau was alles genau zum Versicherungsumfang zählte, doch vertraute ich ihm. So wurden bei den meisten Gesellschaften die Verträge geschrieben.

Doch was war im Schadenfall? Die Verkäufer konnten nicht richtig helfen, da sie zwar gut verkaufen konnten, doch vom Vertragsinhalt und den Ausschlüssen wenig Ahnung hatten.

Bedarfsgerechtes Verkaufen war ein Fremdwort. Gerade im Schadenfall kam dann der bis heute noch in vielen Köpfen der Kunden spukende Satz auf: „Ihr wollt ja nur unser Geld und wenn ich mal einen Schaden habe, dann zahlt Ihr doch sowieso nicht!"

Leider hatten die Kunden seinerzeit oftmals nicht immer Unrecht mit der Aussage.
Verschuldete Kollegen versuchten die Kunden in Finanzangelegenheiten zu beraten und spielsüchtige Verkäufer rieten zu sonderbaren Abschlüssen, die lediglich ihnen selber das schnelle Geld einbrachte.
Provisionshaftung war ein Begriff, den es damals noch nicht gab.

Doch ist es heute noch immer so? Sehr unwahrscheinlich. Die Versicherungskollegen stehen teilweise unter einer größeren Überwachung, als ein unter Dopingverdacht stehender Spitzensportler.

Wenn heutzutage die Abschlussprüfung zum Versicherungskaufmann oder -fachmann absolviert wurde, so bedeutet dieses erst den Start zur Weiterbildung.

Im Abstand von 36 Monaten muss ein sogenannter Fachkundenachweis erbracht werden. Das bedeutet nichts anderes, als dass das Fachwissen in allen Versicherungssparten in diversen Formen nachgewiesen werden muss. Ständiges Lernen und Weiterbilden außerhalb der regulären Arbeitszeit ist ein Pflichtprogramm. Um zu verhindern, dass ein Finanzanlagegespräch von insolventen Beratern geführt wird, ist das ebenfalls im Abstand von drei Jahren einzubringende polizeiliche Führungszeugnis und einer entsprechenden Schufa-Auskunft unabdingbar. Durch die neuen Beratungsprotokolle und Datenschutzverordnungen wird der Umgang mit Kunden nicht immer einfacher, obwohl der Sinn dieser Protokolle und Verordnungen ihre absolut hundertprozentige Berechtigung hat. Nicht nur der Kunde, sondern auch der Berater, ist bei Vertragsunstimmigkeiten besser abgesichert. Wenn ein Kunde bei der Hausratversicherung auf die finanzielle Absicherung beim Fahrraddiebstal laut Protokoll verzichtet hat oder bei der Unfallversicherung auf das Krankenhaustagegeld, so kann sich der Versicherungsberater keine Falschberatung vorwerfen lassen. Zahlt eine Versicherung einen versicherten Schaden nicht, hat der Kunde die schriftliche Bestätigung, dass er diesen Schutz abschließen wollte und davon ausging, dass dieser im Versicherungsvertrag eingeschlossen war. Es hat alles zwei Seiten. Jedoch ist der administrative Aufwand oftmals sehr hoch.

Aber was genau macht diesen Beruf aus? In einem meist netten Kundengespräch zeigen wir dem Kunden die Vorteile einer Versicherungsleistung auf. Wir sprechen über die finanziellen Folgen im Fall der Fälle. Macht eine Absicherung in den einzelnen Sparten durch einen relativ kleinen Beitrag Sinn für den Kunden oder möchte er das entsprechende finanzielle Risiko selber tragen und sich der Gefahr aussetzen, sich und seine Familie in eine finanzielle Notlage zu begeben. Die Entscheidung trägt der Kunde selber. Was für mich wichtig erscheint, das muss nicht unbedingt für den Kunden wichtig sein. Die Bedürfnisse sind sehr unterschiedlich. Dieses Bedürfnis versuchen wir in einem Gespräch in einen konkreten Bedarf umzuwandeln. Dann werden die Vor- und Nachteile besprochen

Manchmal stelle ich mir die Situation beim Besuch in einer Bäckerei vor. Der Kunde wünscht ein Brötchen. Zunächst fragt die Bäckereifachverkäuferin, nachdem sie dem Kunden ihren Ausweis, eine beglaubigte Kopie des letzten Gesundheitszeugnisses und eine Zertifizierung der letzten Weiterbildung vorgelegt hat, ob der Kunde sich das Brötchen überhaupt finanziell leisten kann. Nachdem der Kunde eine Kopie der letzten drei Gehaltsabrechnungen, eine Rentenbescheinigung oder einen Beleg anderer Einkünfte vorgelegt hat, steht einem Kauf der Brötchen nicht mehr viel im Weg. Allerdings steht die Frage im Raum, welches Brötchen er denn genau kaufen möchte und warum er sich gegen das andere Produkt entschieden hat. Gut, der Kunde entschied sich für das Körnerbrötchen. Aber welche Körner sind genau verarbeitet worden. Kann gewährleistet werden, dass der Kunde keine allergischen Reaktionen gegen gerade diese Körner hat? Wo kann der Kunde vorab schriftlich nachlesen, welche Stoffe in dem Backwerk sind? Nachdem das alles geklärt wurde, bittet der Kunde noch um eine schriftliche Auskunft, welche versteckten Kosten in den Brötchen sind? Bei 40 Cent pro Backwerk, sollte genau aufgegliedert sein, wie hoch der prozentuale Gewinn für den Bäcker ist und welche Verwaltungskosten im Preis versteckt sind. Nachdem der Kunde in seiner Bäckerei diese Informationen erhalten hat, andere Kunden ungeduldig hinter ihm in der Schlange stehen, er mit seiner Ehefrau telefoniert hat, ob dieses Brötchen denn das genau für die zuvor gekaufte Erdbeerkonfitüre konform ist, entscheidet er sich dann doch gegen aller Beratung für ein Puddingteilchen.

Schadenregulierung

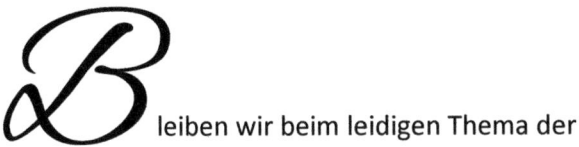leiben wir beim leidigen Thema der

Schadenregulierung.

Die einen Kunden beschweren sich über zu hohe Beiträge, weil sie nie einen Schaden melden und immer für andere mitbezahlen, die anderen Kunden vertreten die Meinung, dass man sich ab und an Geld von den Versicherungen holen müsse, wenn die Beiträge schon so hoch sind.

Nach angehend zwanzigjähriger Berufserfahrung kann ich festhalten, dass sich Ehrlichkeit immer bezahlt macht und sich im Leben immer alles ausgleicht.

Wenn ich da an mein Erlebnis mit einer sehr arroganten Düsseldorfer Kundin denke……

An einem verregnetem Mittwoch betrat eine, drücken wir es aus als „sehr bestimmend" auftretende Dame, unser Büro. Ihre vierjährige Tochter nahm neben ihrer Mutter am Tisch Platz. Umgehend erzählte mir die Kundin ohne mit den Wimpern zu zucken felsenfest, dass das Kinderrad Ihrer

Kleinen gestohlen wurde.

Sie hatte schließlich eine Woche vorher extra eine entsprechende Fahrradversicherung abgeschlossen. Eine polizeiliche Meldung hatte die Kundin noch nicht eingeholt. Die Tochter blickte mit ihren kleinen Rehaugen ihre Mutter an und sagte völlig klar: „Mutti, ihr habt das Rad doch gestern in den Keller von Oma gestellt!" Und schon wieder brach die Tomatenzeit an. Wie sollte ich mich verhalten? Anzeige wegen Versicherungsbetrug? Die Kundin herauswerfen und alle Verträge kündigen? Ich bat die Dame, doch zu Hause nochmals nachzusehen und dann mit der polizeilichen Schilderung erneut ins Büro zu kommen. In den letzten 18 Jahren habe ich die Kundin mit keiner Schadenschilderung gesehen. Das schuldet sicher der Tatsache, dass ich mittlerweile in einer anderen Stadt arbeite.

Eine ältere Dame hatte beim Besuch in der Kirchengemeinde versehentlich ein aufgestelltes Instrument, ich glaube es war ein Pauke, umgestoßen. Sie war sehr traurig und weinte bitterlich, da ihr dieses so peinlich war. Ich erklärte ihr, dass für diese Fälle ihre Haftpflichtversicherung leistet. Da es neue Trommeln waren, erhielt die Jugendetage der Kirchengemeinde eine entsprechende finanzielle Entschädigung von uns. Die Dame sprang mir um den Hals und weinte noch mehr. Diesmal vor Freude. Das Gesicht der Kundin vergesse ich bis heute nicht.

Ebenso wenig in Vergessenheit geraten ist der Spruch einer Kundin, nachdem die Lebensversicherung ihres verstorbenen Ehemannes ausgezahlt wurde: „Jetzt war der Alte doch für etwas Nütze !"

Einige Seiten weiter berichte ich von der Schadenregulierung zu einer leckenden Heizung.

Verstorbene Kunden

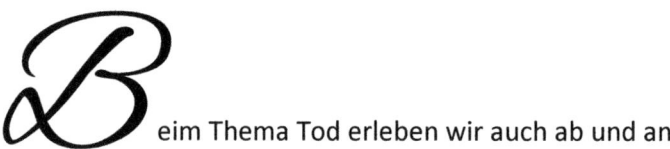eim Thema Tod erleben wir auch ab und an

bizarre Situationen.

In einem kleinen Dorf in der Nähe von Hilden verstarb ein Kunde. Dieser hatte drei erwachsene Kinder und lebte in einer neuen Beziehung. Seine Ex-Ehefrau zog jedoch alle Aufmerksamkeiten auf sich, da sie in dem Dorf sehr angesehen war. Sie trug sofort schwarze Trauerbekleidung und lief mit tränenuntersetzten Augen durch die Straßen.

Die neue Lebensgefährtin sprach mich auch die bestehenden Versicherungen an und stellte zunächst klar, dass alle Verträge, besonders die Rechtsschutzversicherung, aufgelöst werden sollen. Ich unterrichtete sie zunächst über die entsprechenden Möglichkeiten. Ohne Vorwarnung brüllte sie lauthals: „Alles wird gekündigt. Das alte hässliche Ex-Weib von ihm läuft ständig durch das Dorf und spielt sich als trauernde Witwe auf, obwohl die schon seit Jahren geschieden sind. Sogar dem Pastor geht die Alte auf den Nerv (Original ein anderes Wort). Ich verweise die dumme Nuss aus der Kirche und vom Friedhof. Die will nur Mitleid und sicher noch Geld vom Erbe meines Alten!" Nachdem ich wieder etwas nach Luft schnappen und mir einen Lachkrampf unterdrücken konnte, sah sie mein Argument ein, doch besser die bestehende Rechtsschutzversicherung bestehen zu lassen.

Vor einiger Zeit verstarb eine liebe nette Kundin von mir. Ihr Sohn lud mich zur Beisetzung ein und ich lies es mir natürlich nicht nehmen, den letzten Weg gemeinsam zu gehen. Zu dieser Zeit waren allerdings zwei verschiedene ältere Damen sehr krank und ich hatte zu beiden ein sehr gutes Verhältnis.

Vor der Trauerfeier durfte ich in der Kapelle am offenen Sarg Abschied nehmen. So stellte ich mit entsetzen fest, dass ich auf der falschen Beerdigung war, denn die Verstorbene war die andere Kundin.

Kundenservice lohnt sich immer

n der Versicherungswirtschaft leben wir bekanntlich

von der Provision. Wir haben in der Regel kein festes Einkommen, sondern werden im kleinen Umfang an den Einnahmen der Gesellschaft beteiligt. Daher ist es wichtig, viele Kunden zu betreuen und sich nicht nur auf einen Abschluss zu konzentrieren.

Einige Kollegen stellen sich dann die Frage, ob sich der entsprechende Zeitaufwand beim Kunden finanziell lohnt?

So kann ich mich an Situationen erinnern, in denen ich fünf Stunden beim Kunden saß. Die meiste Zeit verbrachte ich mit dem Sortieren der Versicherungsunterlagen. Da diese unsortiert in einem Schuhkarton lagen, dauerte der Vorgang sehr lange. Nach dem Sortieren rechnete ich alle entsprechenden Verträge gegen und verglich zudem die entsprechenden Leistungen. Nachdem ich tatsächlich einen einzigen löslichen Kaffee mit Milchpulver erhielt und mein Beratungsansatz starten konnte, stellte der Kunde fest, dass er eigentlich nicht wechseln wollte. Auch wenn unsere Leistungen wesentlich besser und zudem auch günstiger waren, als die vorliegenden bestehenden Verträge, sollte alles so belassen werden. Der Kommentar des Kunden: „Da haben Sie aber wohl Pech gehabt!", kam bei mir nach diesen Stunden nicht besonders gut an, doch konnte ich die Haltung bewahren.

Im Gegensatz dazu, rief ein Kunde an, der lediglich sein KFZ bei uns absichern wollte. Er wohnte zwar 30 KM vom Büro entfernt, doch machte ich mich ohne Hintergedanken auf zu dem ehemaligen Arzt.

Im Laufe des Gespräches erzählte er mir, dass er gerade seine Praxis veräußert hatte und das entsprechende Geld für seine Altersvorsorge anlegen wollte. Bei einer Einmalanlage in Höhe von mehreren Hunderttausend DM sollte sich mein Tag als erfolgreich erweisen. Als er mir dann anbot, dass ich auch seine vier Häuser, die Sportwagen seiner Kinder und die restlichen Sachverträge zu meiner damaligen Versicherungsgesellschaft holen sollte, konnte ich den Sonnenschein und das Abendessen auf seiner direkt am Rhein gelegenen Terrasse sehr genießen.

Aus dieser Erfahrung lernte ich, dass jedes Kundentelefonat wichtig ist und sich alles ausgleicht. Mal sitzt man fünf Stunden für nichts beim Kunden und verdient entsprechend, auf der anderen Seite ahnt man nichts, da es ja „nur" um KFZ-Versicherung geht und an einem Tag verdient man so viel, wie in mehreren Monaten. Zugegeben, solche Termine sind die absolute Ausnahme und kommen sehr selten vor.

Der liebe Außendienst

ie besten Geschichten schreibt bekanntlich das

Leben.
Situationen bei und während Kundengesprächen sind manchmal derart sonderbar, dass ich beim Aufschreiben wieder schmunzeln muss.

Ein Kunde bat mich, mir die leckende Heizung und den damit verbundenen Wasserschaden im Kinderzimmer seiner Tochter anzusehen. Nichts ahnend folgte ich ihm ins entsprechende Zimmer.
Ohne anzuklopfen riss er die Zimmertüre seiner 19jährigen Tochter auf. Es kam, was kommen sollte. Die junge Dame war sehr leicht bekleidet, obwohl ich hier etwas untertreibe, mit ihrem noch weniger bekleidetem Freund in einer mehr als eindeutiger Position auf dem Sofa vor der Heizung. Zunächst schrie die Tochter auf, dann brüllte der Vater. Er griff den nackten jungen Mann am Hals und schleuderte ihn gegen den Schrank. Ich kam mir vor, wie in einem schlechten Film. Obwohl….?

Dann schrie der Freund auf und ich blickte etwas hilflos in den Raum. Wo sollte ich zuerst hinsehen?

Zur Heizung, zum Freund, zum Vater? Meine Augen entschieden sich dann jedoch ohne mein Zutun für den Anblick der volljährigen Tochter. Ich erklärte dem Kunden, dass ich noch schnell zum Auto gehe, da ich etwas vergessen hätte.

Eine gefühlte Ewigkeit später kam ich zurück und erblickte im Treppenhaus das junge Paar weinend auf der Stufe sitzend. Der Vater empfing mich oben mit den Worten: „Dem alten Bock habe ich es aber gezeigt!" Obwohl, vor dem Bock hörte ich noch ein anderes Wort, doch dieses ist mir dem Anstand wahrend entfallen.

Ich muss mich outen. Viele Menschen leiden an Flugangst, fürchten sich vor Hunde oder Spinnen. Bei ist meine jahrelange Phobie gegen Vögel nicht zu bändigen. Der kleinste liebste Wellensittich bringt mir Angstperlen ins Gesicht. So kam es, dass ich eine ältere ehemalige Richterin in Düsseldorf besuchen sollte. Sie lebte in einer alten verwahrlosten Wohnung. Zunächst wunderte ich mich darüber, dass überall im Zimmer Stofffetzen lagen. Plötzlich sah ich ihn. Einen gefühlten 5m großen, frei vor seinem Käfig sitzenden Kampfpapagei. Er sah mich an und mein Herz rutschte immer weiter in meine noch trockene Hose. Umgehend bat ich mit zitternder Stimme die Kundin, den Vogel kurz in den Käfig zu sperren. Das war keine gute Idee von mir, denn die ehemalige Dame würdigte mich keines Blickes und stellte nur fest, dass der Vogel in der Wohnung lebe. Wenn es mir nicht passen würde, hätte der Maurer ein Loch in der Wand gelassen. Nun, ich entschied mich daher, diesen Rat anzunehmen. Vom Vogel und der Kundin hatte ich dann lange nichts mehr gehört. Bis eines Tages die Tochter der Kundin mitteilte, dass ihre Mutter in ein Heim gezogen sei. Nach dem Verbleib des Vogels hatte ich nicht gefragt.

Eine andere junge Mutter bat mich nachmittags zum Kundentermin zu sich nach Hause. Als ich die Türklingel betätigte, öffnete mir ein kleines Mädchen, welches mich direkt in das Wohnzimmer führte. Es wäre von Vorteil gewesen, auf die Mutter an der Türe zu warten.

Die alleinstehende Mutter hatte öfter Herrenbesuch. So auch an diesem Tag. Ich stand also mit der kleinen Tochter im Wohnzimmer und blickte auf den Sessel. Wie die Geschichte weiterging, kann sich nun jeder denken. Es war ihr und dem Besuch jedoch keineswegs peinlich. Der Mann zog sich an, verabschiedete sich nett und die Kundin ging normal zur Tagesordnung über. Also zu unserem Gespräch. Und ich betone hier, lediglich „Gespräch".

Zur damaligen Zeit hatte ich noch mehr Haare und war einige Kilo leichter. Also jung und gutaussehend.
Das bemerkte allerdings auch das gleichgestellte Geschlecht. An der Sprechanlage bat mich ein Kunde mit einer merkwürdigen sanften Stimme, den Aufzug zu nehmen und hoch zu kommen. Der Fahrstuhl würde direkt in seiner Wohnung enden. In der Zeit des Wartens sollte auf dem Sofa Platz nehmen mir einen Sekt nehmen. Er würde noch schnell duschen und mich dann empfangen.

Das kam mir sehr sonderbar vor, doch folgte ich dem Wunsch.

Ich sollte mich auf meine Gefühle verlassen. Der Kunde empfing mich in seinem asiatisch eingerichteten Wohnzimmer, nur im Kimono bekleidet. Wenn ich nun sage „**nur**", dann meine ich „**nur**"!

Wir saßen, zum Glück für mich durch einen großen Tisch getrennt, auf kleinen niedrigen Sitzkissen. Er lächelte mich an und seine Hand glitt unter *seinen* Kimono. Umgehend stellte ich klar, dass ich unter Versicherungsberatung etwas anderes verstehen würde und nicht auf Männer stehe. Den anschließenden Spruch: „Man kann es ja mal versuchen!" sorgte also dafür, dass ein anderer Kollege sicherlich zu einem späteren Zeitpunkt mehr Glück beim Beratungsgespräch hatte. Ich verabschiedete mich nett, aber bestimmend.

Nur das es jetzt nicht falsch verstanden wird: „Jeder so wie er möchte, aber wenn *i c h* nicht möchte, ..."

Sicherlich hätte ich auch nicht anders reagiert, wenn mich statt des Herren, eine junge Dame derart empfangen hätte.

Mit meinen durchgehend netten „osmanischen" Kunden verstehe ich mich sehr gut. Mit vielen Kunden hat sich inzwischen eine richtige private Freundschaft entwickelt. Ich rate jedoch jedem Berater, Kundentermine im Haus des Kunden stets mit leerem Magen wahr zu nehmen. Die türkische Küche ist ein Gedicht. Die leckersten Speisen werden bei fast jedem Termin mit türkischem Tee serviert. Abgesehen von der Tatsache, dass ein Ablehnen des Essens sehr unhöflich wäre, ist es zudem derart lecker, dass man nicht umher kommt, einen Nachschlag zu nehmen.

So lachen wir immer, wenn ich von meinem allerersten Kundentermin bei einer türkischen Familie berichte. Mein türkischer Freund sagt immer zu mir: „Mein alter Germane, erzähl Deinem Osmanen doch nochmal die Geschichte!"

Ich war damals erst eine Woche im Außendienst und kannte weder die Gebräuche, noch die Sitten.
Als junger Berater war ich noch sehr unerfahren und noch sehr viel mehr, naiv.

Mich rief also morgens eine Kundin an, da sie für ihren Sohn eine Lebensversicherung abschließen wollte. Ich sollte um 11.00 Uhr bei der Kundin sein. Nach einer 40 Km langen Anreise, kam ich im Hinterhof eines Hauses in Düsseldorf-Eller an. Als ich mehrfach erfolglos klingelte, versuchte ich es mit anklopfen. Die Kundin kam an die Türe und fragte mich, wer ich denn sei. Ich teilte ihr mit, dass sie mich doch selber anrief und ich heute um 11.00 Uhr kommen sollte. Sie teilte mir mit, dass kein Mann im Haus sei und sie mich nicht hineinlassen dürfte. Meinen überraschenden Blick kann jeder nachvollziehen. Nach einiger Überlegung, ließ sie mich dennoch in die Wohnung.

Als ich ihr meine Hand zur Begrüßung reichte, zog sie diese weg und sagte mir, dass diese dreckig sei und ich meine Schuhe ausziehen müsse. Da ich diese Gebräuche nicht kannte, erschrak ich etwas, kam dem Wunsch aber nach. Im Wohnzimmer sollte ich mich hinsetzen, sie jedoch nicht ansehen. Die Kundin teilte mir mit, dass es sich nicht um eine Lebensversicherung handeln würde, sondern über eine Rechtsschutzabsicherung. Ihr Sohn hätte ständig Probleme mit dem Gesetz und wäre oftmals im Polizeigewahrsam. Ich schluckte verdutzt und teilte ihr mit, dass die Rechtsschutzversicherung hier leider keine Absicherung bietet. Die nette verschleierte Frau bat mich dann, den Sohn kurz anzurufen und alles Weitere zu besprechen. Diesem Wunsch kam ich nach. Wie in einem schlechten Film brüllte mich der Sohn auf der anderen Seite des Telefons an, was ich alleine in der Wohnung der Mutter machen würde und ich mich verpis..,verabschieden, sollte.

Selbstverständlich folgte ich diesem Rat. Ich verabschiedete mich umgehend bei der Kundin, gab ihr nicht die Hand und ging in das Treppenhaus. Nach einer kurzen Weile kehrte ich um, schellte, wartetet erneut, klopfte wieder, wartete abermals. Die Kundin öffnete die Türe und fragte mich, was ich denn nun wolle? Ich blickte sie nicht an, zeigte auf den Boden und sagte: „Meine Schuhe!"

Dieser Kundentermin war für meine weitere Tätigkeit im Außendienst sehr lehrreich. Nicht nur, dass jeder Kunde verschieden ist, so sind auch alle Umgangsformen der einzelnen Religionen unterschiedlich. Nun sind mir diese Gebräuche bekannt und es ist selbstverständlich, dass man in den stets sauberen und gepflegten türkischen Haushalten die Schuhe auszieht und die Gegebenheiten respektiert.

Meine türkischen Freunde machten mir aber klar, dass diese Begegnung eine Ausnahme war.
Es gibt verschiedene Glaubensformen und verschiedene Auslegungen. Wichtig ist, dass man Respekt vor dem Menschen und dem Glauben hat.

Fazit

Warum habe ich diese Erlebnisse zu Papier gebracht? Vor einiger Zeit machte ich mir Gedanken über meinen Beruf und dem, was ich schon alles erleben durfte. Plötzlich fing ich an zu lachen und konnte mich kaum beruhigen. Ich dachte an die vielen Erlebnisse, die Phobie gegen Vögel, meine Schadenregulierung an der Heizung und musste dieses einfach aufschreiben.

In der Hoffnung, dass auch Sie nun unseren Beruf aus einem anderen Blickwinkel sehen und feststellen, dass wir einfach nur normale Menschen sind, die Ihnen lediglich finanzielle Sorgen ersparen möchten und die meisten Kollegen ihr Herz am richtigen Fleck haben, wünsche ich Ihnen alles Gute und wer kann es wissen, vielleicht sehen wir uns erleben gemeinsam ein neues Kapitel?!

© 2020 Olaf Oberkalkofen-Grübnau
Herstellung und Verlag: BoD – Books on Demand, Norderstedt
ISBN: 978-3-7519-0540-4